Que Johan —

trouvent !

que j'ai eu à écrire

les nouvelles à

lire "sans risque"

le 18 mai 2011

Le Risque Zéro n'existe pas

Michel Ponte

Le Risque Zéro n'existe pas

JETS D'ENCRE
ÉDITIONS

Du même auteur

Nul homme n'est une île, Editions Persée, 2007

Bella ciao, Editions Jets d'Encre, 2008

Editions Jets d'Encre
1 bis avenue Foch
94100 Saint-Maur-des-Fossés
www.jetsdencre.fr

ISBN : 978-2-35485-039-5

À ma mère qui est dans sa quatre-
vingt-quinzième année.

Pour ceux qui pensent que "l'ennui
naquit un jour de l'uniformité"
*Lamotte Houdard, poète
et dramaturge, 1672-1731.*

Risque 1 :
Il faut vivre dangereusement

AU COMMENCEMENT ÉTAIT LE VERBE. C'est ce qu'ils disent. Parce que pour qu'il y ait un verbe, il faut un sujet. En tout cas, c'est ce que l'on m'a appris à l'école. Je ne sais pas comment ils ont pu commencer par la fin puisqu'il n'y avait pas de sujet de sa Gracieuse Majesté, forcément, il n'y avait personne. Ce qui fait que comme il n'y avait pas de Majesté, il ne pouvait pas y avoir de sujet et encore moins de verbe. Mais il faut tout de même en arriver au sujet qui est le verbe. Si vous suivez, c'est la preuve que vous n'avez pas compris. Comme moi. Je vais tout de même essayer d'en arriver au sujet.

Après le verbe, il y a eu la lumière. C'est peut-être pour cela que la lumière arrive après le verbe. Pour nous éclairer sur le sujet ! Là, c'est simple. Dieu dit : "Que la lumière soit."

Soit ! Et la lumière fut. Pas mal quand même. D'ailleurs sans me vanter, là j'y vois plus clair.

Quelqu'un d'autre a dit – en plus –, Dieu, c'est l'Être (avec un ê majuscule) parce que Dieu est grand dans sa sagesse. Plus tard, je crois même pas mal de temps après, parce que, entre-temps, Dieu a fait les arbres, les plantes, Dieu a fait l'Homme qui s'est appelé *Homo sapiens*. Tout seul. Il n'a pas demandé la permission à Dieu qui est grand dans sa sagesse pourtant. *Sapiens* ça veut dire sage (enfin, *celui qui sait*). Alors là, l'Homme, il exagère. Il fait le con sans arrêt et il se dit sage. Et je n'ai pas encore parlé de la femme, qui est une sorte d'homme en fait mais en plus ou moins sage. Là, les avis divergent. C'est pour ça que je dis plus ou moins. Et les animaux vous me direz ? Je vous ai bien eu. Les Hommes, ce sont des animaux, en plus bestiaux c'est tout. Même certaines femmes disent du bien des hommes, enfin de certains, comme par exemple : "Celui-là, c'est une bête au lit."

Mais seulement si elles disent "au lit". Quand elles ne disent pas "au lit", c'est mauvais signe. C'est qu'il est bête tout court. D'ailleurs elles disent aussi : "Un peu court jeune homme." Et ça, c'est très désobligeant pour l'homme. Mais pas pour la femme. Si vous dites d'une femme qu'elle est jeune, c'est un honneur. Même si vous dites qu'elle fait jeune, seulement, ça marche aussi. Là où ça peut être dangereux c'est si vous dites : "Vous ne faites pas votre âge." C'est ce qui fait que je trouve ça un peu bête. Et si on dit c'est un animal fidèle, c'est bon signe. Pour l'animal. Si on dit : "C'est un chien", c'est une insulte. Et c'est pas bon du tout. Pas pour "celui qui dit qu'y est". C'est comme ça qu'on embêtait celui qui nous insultait à la petite école quand j'y allais : "celui qui dit qu'y est". Voilà déjà un premier point d'éclairci. Mieux vaut être prudent avec les femmes, les chiens et les insultes.

Et l'Être, je sens que vous allez me demander comment il est ? Oui, revenons à nos moutons. D'ailleurs qui a dit qu'il fallait secourir les Brebis égarées ? Et pourquoi seulement les Brebis ? Certains parlent des chèvres avec ironie. Mais les pauvres bêtes, on ne pense pas à les secourir. Pourquoi ? Alors çà ? Et ce sont les chiens qui ramènent les Brebis. Et l'homme dans tout ça ? Il attend de retrouver sa femme. Parce que j'ai oublié de le dire. L'homme, il est un peu maso. Ça veut dire qu'il aime se faire mal. Mais il préfère avec la femme. Pour certains qui préfèrent le faire avec d'autres hommes, on dit qu'ils sont homosexuels. Mais si ce sont des femmes qui préfèrent le faire entre elles, on ne dit pas qu'elles sont femosexuels, on dit aussi homosexuelles sauf qu'il y a deux *l* et un *e* et on garde le *s* à la fin. D'ailleurs certaines femmes disent que l'homme veut toujours laisser l'empreinte de sa supériorité. Mais c'est pas un endroit où l'homme a dû souvent mettre les pieds. Alors question d'empreinte ! Dans d'autres cas, ça ne les dérange pas que ce soit l'un ou l'autre ou l'une ou l'autre ou encore l'un ou l'une (j'ai bien mis l'apostrophe, oui, parce qu'il y en a qui trouveraient que c'est de mauvais goût). Et moi je préfère ne pas me mouiller dans ces histoires. C'est vrai, je n'aime pas les histoires de cul, moi (pardon ça m'a échappé). Et d'autres ont dit aussi que ce qui ne laissait pas d'empreinte c'était *le poisson dans l'eau et l'homme dans la femme*. Mais alors c'est pour ça que Marie elle est restée vierge avant, pendant et après la naissance de Jésus ! J'y reviendrai. Moi j'ai lu dans un livre de catéchisme pour enfant que c'est de retour de chez un de ses cousins qu'elle s'était retrouvée enceinte. Les gamins ils rigolaient bien, vu qu'ils avaient déjà tous joué à touche-pipi. Et il y a une gamine tout de même, la salope !, qui a même ajouté le cousin, ou bien il en avait une toute petite ou le curé, il nous raconte des Babars ! C'est parce qu'ils lisaient des B.D. dans la classe qu'ils disaient Babars au lieu de bobards. En fin de compte, ces mômes surtout les filles, à 7 ou 8 ans, c'est déjà drôlement au courant. Moi je ne sais pas si à leur âge j'en savais autant ?

Certaines fois je me dis qu'à écrire tout ça, je prends des risques. Que c'est peut-être dangereux de dire tout ce qui existe. Certains ont même préféré dire que Dieu était mort plutôt que de dire qu'il avait existé.[1] En fait il aurait existé, mais il serait mort après. L'histoire ne dit pas de quoi. Mais on a une petite idée avec tous ces attentats en ce moment. Et puis imaginez qu'un plombier Polonais ait rencontré Dieu et qu'il ne l'ait pas reconnu. S'il lui a dit par exemple : "Toi, t'es qui pour me regarder comme ça ? Nique ta mère."

Dieu, il ne peut pas avoir de mère vu qu'il n'a pas de nombril. Même si certains en font le nombril du monde. Allez comprendre ! Imaginez l'histoire que ça a dû faire. Bon, je ne sais pas ce que Dieu aurait fait dans un quartier polonais. Mais enfin on ne sait jamais. Tout le monde peut se tromper. Même le plombier Polonais puisque Dieu il a pu faire une boulette en venant chez lui. Et si Dieu il a cherché la bagarre, l'autre il a sorti un tuyau de plomberie. Et c'est là qu'il a tendu l'autre joue. J'arrange là, pour que ça se tienne. Imaginez le plombier Polonais qui lui dit "T'es une tapette, tu veux que je t'embrasse ?" Et si Dieu veut lui expliquer "Tu m'as insulté, je tends l'autre joue pour que tu recommences." Forcément, le plombier Polonais il a pas compris. Et s'il lui a demandé s'il était homo ? Et que Dieu lui a répondu "Je suis le fils de l'Homme."

---

1. Nietzsche, *Le Gai Savoir.*

Comme il lui avait dit : "Nique ta mère", il comprend plus, le plombier Polonais, pourquoi un mec, même Dieu, il serait le fils d'un homme et pas d'une mère. Tiens, si le plombier il allait à l'école, parce qu'il y en a qui y vont. Pour mettre le souk d'accord mais il y en a. Et s'il a entendu son prof de science lui dire qu'on était tous du genre Homo ou pire qu'on descendait tous d'un Homo. Il s'est peut-être dit qu'il fallait qu'on descende tous son homo. Et un coup de tuyau est si vite arrivé.

Franchement les Polonais ils sont forts en religion et en plomberie. Ils ont même réussi à brancher un tuyau sur un Pape à la place de l'intestin parce qu'il avait reçu une balle dans le bide. Là, y'a des choses qui m'échappent, mais la plomberie, c'est compliqué. Ils lui ont branché le tuyau sur le trou de balle. Je ne vois pas l'intérêt de lui avoir fait un trou pour lui brancher un tuyau alors que sa plomberie marchait très bien avant.

Enfin, bref, même si Dieu est toujours vivant, il a eu le temps de faire pas mal de conneries après le verbe. D'ailleurs il n'en avait pas besoin du verbe. Vous l'avez déjà entendu parler Dieu ? Non, bien sûr. C'est parce que de deux choses l'une ou il est mort ou il se planque. À cause des plombiers Polonais. Là j'invente pour essayer d'expliquer sa brutale disparition. Et maintenant il nous laisse des trucs à chercher dont on ne trouve pas la réponse, comme le verbe, la lumière, les femmes, les chiens, les chiens-loups et j'en passe.

Pourquoi les chiens-loups ? Je l'attendais celle-là. Mais parce qu'on dit : "L'Homme est un loup pour l'Homme." Vous voyez qu'on peut quand même avancer un peu dans la compréhension de l'incompréhensible. Remarquez, il reste des zones d'ombre. Si on écrit *hombre*, c'est de l'espagnol et ça ne veut pas dire la même chose et justement ça veut dire homme. Il y a des trucs difficiles à comprendre parce qu'aujourd'hui on mélange les langues... Tout de suite. Vous pensez à quoi ? Mais non je veux parler de la langue française qui se mélange avec plein d'autres langues de tous les pays. Il paraît que c'est bon. Pour la langue. Que ça lui donne du sang neuf. Tiens comme *beefsteak* c'est de l'anglais, "bifteck" en français. Ou encore mieux : "orange". Il paraît que c'est de l'arabe. On est envahi ! En tout cas c'est à cause de la langue étrangère qu'on confond tout. L'allemand tiens ! Ou l'autrichien. C'est encore un de ces teutons qui a dû dire — après le chien d'Autriche je suppose, sinon je ne vois pas de raison — "L'Homme a voulu devenir Dieu !" Pan ! Vous avez compris, vous : "Dieu a fait l'Homme à son image", puis "l'Homme est un loup pour l'Homme." C'est pour ça que Dieu est mort. Le gars qui a pondu cette théorie il s'appelait Niche (il faut écrire Nietzsche mais comme c'est de l'allemand ou de l'autrichien, il faut prononcer autrement que ça s'écrit). À la française. On dit même que c'est lui qui aurait tué Dieu. Enfin on ne sait plus trop qui. Moi je crois qu'il a eu la trouille. Il y avait de quoi avec les plombiers Polonais, les chiens, les femmes, les gosses et tutti quanti. C'est pour ça qu'il s'est barré dans un coin tranquille. Il avait entendu un sage, un sapiens, lui dire "Pour vivre heureux vivons cachés." Et pan, il s'est planqué. Comme ça, il n'est plus emmerdé par le verbe, la lumière, les bonnes femmes, les enfants, les loups, les Polonais et tutti quanti. Il est bien dans une petite niche douillette. Il regarde de loin les Homo sapiens s'égorger depuis le ciel où les femmes ne sont pas admises, ni les plombiers, ni les loups, ni les chiens etc. Les enfants je ne sais pas. Mais à mon avis il peut toujours les mettre au placard en attendant la puberté. Vu qu'ils sont morts, ils ne grandiront plus. Peinard quoi. Plus de danger.

Faut dire qu'il finissait par être un peu paumé à la fin. Il se casse la tête pour dire aux Hommes : "Aimez-vous les uns les autres" et ils lui crucifient son fils. Mais il paraît qu'il l'a fait exprès. C'est pour faire de la peine à son père ou quoi ? Après il y a eu un Homme qui a parlé du *meurtre rituel du Père*. C'est peut-être pour ça qu'on l'a crucifié. On n'en sait rien. Le pire c'est qu'il y en a toujours un pour mettre son grain de sel sur le sujet. Imaginez. Vous êtes assis à la Comédie Française et un type sort un monologue. Je ne dis pas ça pour être pédant. C'est quand le gars il ne sait pas quoi dire à un autre vu qu'il est tout seul sur scène. S'il réfléchit un peu, comme moi par exemple, sans vouloir me vanter, il ne sait pas ce qu'il va sortir. Alors comme il doit se demander ce qu'il fabrique là il va dire par exemple "Être ou ne pas être ? That is the question !" Mis à part que ça en jette (là il y a des spectateurs qui sortent même avant qu'on les jette dehors parce qu'ils risqueraient de dire des gros mots s'ils ne comprennent pas l'anglais), les autres restent cois. Il faut dire qu'il y a de quoi. Si les gens payent des places à 100 € pour entendre dire ce sur quoi ils n'arrêtent pas de se poser des questions et que l'autre il n'y répond même pas, pourquoi ne pas rester chez soi à regarder la télé. Dans un film il le dit exprès en anglais "To be, or not to be" pour qu'un type se lève et dérange toute la rangée qui est bien obligée de se lever pour le laisser sortir.[2] C'est un peu le bazar pendant un moment. Mais ça l'arrange en fait. Comme il ne savait pas quoi dire, il a le temps comme ça de chercher ce qu'il va inventer. Et le gars il va voir sa femme, celle du type qui est sur scène, vous suivez ? Parce qu'en attendant son mari, elle s'embête un peu dans sa loge. Sympa, non ?

Dans des séries, surtout les américaines, les Sitcom,

2. *To be or not to be*, Ernst Lubitsh, 1942.

il y a de bonnes idées. Genre : "Heu... Pourquoi es-tu venu si tôt, Naomy ? Tu me trouves avec Pamela. Ce n'est pas ce que tu crois. Elle ne devait pas être là." Outre que c'est plus marrant puisqu'il prend la fille pour une conne, il dit bien la même chose que l'autre tout seul qui se demande pourquoi il est là. En prime la nana elle est bandante et pour les femmes les gars ils sont pas mal non plus. Bon, faut pas abuser, la bande-son c'est toujours la même. C'est normal puisque les gens ils se posent toujours les mêmes questions. Il n'y a juste que les acteurs qui changent.

Mais ça, on le sait grâce au générique ou alors ils changent leur nom, pas leur tête. En tout cas en général une des filles, voire les deux, pique une crise. C'est pas mal. Quelquefois t'as intérêt à baisser le son. Mais le mec il peut se prendre une tarte. Moi j'aime pas la violence surtout à la télé parce que c'est souvent bidon, mais au moins on a une esquisse de réponse. Pamela elle n'avait pas à être là. Bon. Les Américains, eux, ils donnent des bouts de réponses et pas seulement dans les Sitcom. Tiens, les attentats. C'est vachement dangereux quand même. Mais il y en a qui disent que c'est une réponse.

Si on y regarde bien, c'est limite craignos la vie. Faut peut-être éviter en fin de compte. Cela comporte des risques. Et puis quand c'est fini, on n'a même pas la réponse aux questions qu'on est venu chercher.

Risque 2 :
Les risques du métier

CHAQUE MATIN LE MARCHAND D'HISTOIRES prenait des livres qu'il enfournait dans une grande gibecière. Sa maison blottie au fond des bois n'était pas bien grande. Son métier ne lui rapportait pas beaucoup d'argent vu qu'il travaillait surtout pour les indigents et les enfants à la sortie de l'école. Mais chacun l'aimait bien et lui donnait un petit quelque chose, surtout si l'histoire qu'il racontait avait plu. Après il essayait de vendre un de ses livres. Il avait eu autrefois, du temps de sa splendeur, une immense bibliothèque. N'ayant plus le sou, il la vendait par petits morceaux. Cela lui payait le bois de chauffage et quand il avait eu de la chance, il pouvait s'acheter une bouteille de vin. Deux fois par an, il partait le soir à la ville avec ses économies. Et là personne ne savait où il allait. Il revenait au petit matin très gai et reprenait son métier. Bien qu'ayant plein d'histoires à raconter, on disait de lui que c'était un homme sans histoires. La langue française contient comme cela, apparemment, plein de contradictions.

Son emploi du temps était parfaitement réglé. Il n'aurait pas supporté que quoi que ce soit en change. Le matin après son réveil il regardait par la fenêtre pour voir de quelle couleur était le ciel. S'il avait plu ou neigé c'était pendant la nuit. Le jour il y avait toujours du soleil. Il le savait le marchand d'histoires, mais il fallait absolument qu'il vérifie que rien n'avait changé. Les animaux, qui étaient venus assister au lever du jour, s'égayaient dans la forêt dès qu'il ouvrait la porte. C'était un jeu pour eux et s'ils avaient été plus patients il leur aurait bien raconté une histoire à eux aussi. Une histoire pour animaux bien sûr. Ensuite il ranimait le feu de sa cheminée. Il vérifiait que chaque morceau de bois était bien mort pour qu'il ne souffre pas au contact de la flamme, car lui savait combien les plantes peuvent ressentir de choses. D'ailleurs la nuit, quand le vent soufflait, les arbres parlaient un langage que lui seul comprenait. Parfois c'était une histoire dont il se souvenait plusieurs mois après. Alors il la traduisait pour que les indigents et les enfants à la sortie de l'école puissent l'entendre à leur tour. Le plus difficile était de ne pas trahir la pensée des arbres qui avaient chacun leur dialecte propre. Allez faire comprendre aux humains que "Wooou !" ne veut pas dire la même chose en Hêtre qu'en Peuplier. Et les Chênes qui ne veulent plus rompre depuis la fable de La Fontaine, qui font des "Han !" terribles pour résister au vent, allez expliquer cela aux hommes. Les Chênes sont les arbres les plus susceptibles de toute la forêt. Seuls les séquoias rivalisent avec eux en raison de leur taille gigantesque. Mais il y en a si peu par ici que cela ne compte pas.

Après, quand il faisait bien chaud dans son unique pièce, il se lavait. Il y faisait la cuisine, et aussi il y avait le lit sur lequel venaient s'asseoir les enfants qui étaient partis de chez eux parce que leurs parents les battaient. Pour d'autres c'était parce qu'ils ne voulaient pas retourner à l'école sachant que comme ils n'avaient pas appris leur leçon, la maîtresse leur baisserait la culotte devant tout le monde pour leur donner la fessée. Puis il prenait son petit déjeuner. Le café chauffait auprès de l'âtre et le pain grillait près des flammes, mais pas trop près afin qu'il ne brûle pas.

Quand il avait donné un coup de balais dans son unique pièce, c'était facile et pas très long, il s'habillait. Comme il avait ouvert la porte il savait s'il devait mettre son manteau chaud ou s'habiller plus légèrement pour la journée. D'ailleurs cela n'avait pas beaucoup d'importance car il partait toujours de bonne humeur, sachant, on le lui avait souvent répété, qu'il donnait chaud au cœur avec ses histoires. D'ailleurs quand des enfants venaient trouver refuge chez lui, ils étaient obligés de se déshabiller tant ils étaient en chaleur.

Il courait bien des bruits alentour. Certaines gens disparaissaient mystérieusement. Mais cela n'inquiétait pas grand monde. Si c'était des indigents, on retrouvait leur porte ouverte et on disait qu'un loup les avait emportés. Il fallait qu'ils finissent d'une façon ou d'une autre et personne ne les réclamait. Si c'était des enfants que les parents battaient, ceux-ci ne les signalaient même pas aux autorités car c'était bon débarras pour la famille qu'ils disparaissent discrètement. Quant à la maîtresse, elle ne s'inquiétait pas ou si peu et seulement si c'étaient des garçons parce qu'ils travaillaient moins bien et qu'elle avait moins de fessées à donner aux filles. Une maîtresse se devait d'abord de donner des fessées sous peine d'être traitée d'inutile.

Ce qui avait surpris un petit garçon qui n'était ni un mauvais élève, ni battu par ses parents, c'était que le nombre de jeunes arbres autour de la maison du vendeur d'histoires augmentait plus rapidement que dans le reste de la forêt. Mais comme les bûcherons coupaient beaucoup de bois un peu plus loin et seulement ceux que le marchand d'histoires autorisait que l'on coupe, l'arithmétique faisait que le nombre total restait à peu près le même. Les bûcherons incrédules s'amusaient à l'entendre dire : "Ne coupez pas celui-ci, vous pourriez le faire saigner. Certains arbres souffrent davantage que d'autres." Ce petit garçon très sage et très observateur s'appelait Isidore. Il travaillait bien à l'école et faisait la fierté de ses parents mais n'intéressait pas du tout la maîtresse ; il était trop sérieux. Son rêve était de devenir à son tour marchand d'histoires. Il n'avait donc qu'un souhait, se rendre indispensable et devenir l'ami de l'homme aux histoires si envoûtantes. Il avait découvert, grâce à son sens de l'observation certains détails que sans nul doute, pensait-il, son futur maître n'aurait pas aimé que l'on sache. Tout d'abord, il avait remarqué qu'à chaque disparition humaine, il y avait un nouvel arbre qui apparaissait. Parfois c'était un Chêne déjà rabougri, parfois un jeune Hêtre au feuillage bruissant ou un charme à la tendre feuille. Un soir, alors qu'il venait pour retrouver un de ses amis ou une petite fille qui ne s'étaient pas rendus à l'école ce jour-là et certain qu'ils avaient trouvé refuge dans cette maison, il vit que les arbres récemment apparus portaient des vêtements. Sur l'un, il y avait un bonnet de nuit tout en haut du fait. C'était en général un arbre vieux et cassant, aussi ne se hasardait-il pas à aller chercher l'objet. Un autre jour, c'était une jupe passée autour du tronc ou un pantalon que semblait avoir enfilé un arbuste. Dans tous les cas le vêtement disparaissait très vite et si Isidore revenait le lendemain il ne les retrouvait plus.

Un matin, alors que la pluie de la nuit avait laissé place à un radieux soleil de printemps il n'y tint plus. Il s'était persuadé, à force d'observation et de réflexion, car il était très intelligent Isidore, qu'il était sur le point de découvrir le secret des disparitions et que le vendeur d'histoires savait beaucoup de choses qu'il pourrait lui expliquer. La seule chose qui le gênait c'était qu'il craignait de le vexer s'il se trompait et de paraître un peu bête. Ça, il n'aurait pas aimé Isidore car il avait sa fierté. La maîtresse qui n'aimait pas les élèves intelligents, lui avait dit un jour qu'il était "infatué de sa personne." Il n'avait pas bien compris ce que cela voulait dire, mais comme il connaissait la maîtresse il savait que ce n'était pas un compliment. C'est en fait ce qui l'amena à trouver un prétexte pour se rendre dans la maison au fond de la forêt, seul, car il était aussi très courageux. Comme il avait l'esprit en perpétuel éveil, il remarqua qu'il n'y avait plus, depuis un certain temps, de nouveaux arbres autour de la maison, tout comme il n'y avait plus de disparition d'enfants ou d'indigents. Cela le conforta dans l'idée qu'il se faisait de ces événements.

Comme il faisait soleil, mais c'était toujours ainsi, il trouva la porte de la maison entrouverte. Il n'en avait pas franchi le seuil que le marchand d'histoire l'invita à entrer. "Je ne peux pas croire que tu viens me voir parce que tes parents t'ont battu ou parce que tu n'as pas appris tes leçons", lui dit l'homme qui était penché et qu'il voyait de dos. Il était affairé à préparer sa gibecière pour partir à la ville le soir. Il emportait peu de chose puisqu'il n'avait presque rien à lui. Quand il se retourna, Isidore remarqua qu'il avait l'air fatigué et vieilli. "Viens te mettre au chaud. Tu dois avoir des choses importantes à me demander pour t'être arrangé afin de me trouver seul. Je peux te consacrer un peu de temps mais il faudra que je parte avant la nuit car je dois me rendre en ville ce soir. Après il serait trop tard et je risquerais de perdre tout mon savoir. Parle donc." Isidore commença par s'excuser, car il était très bien élevé et voulait montrer le sérieux de sa démarche. "Voilà maître, dit-il, je voudrais savoir ce que veut dire être "infatué de sa personne." L'homme vieilli le regarda comme si la remarque s'adressait à lui. Puis après s'être versé du café qu'il gardait au coin du feu, non sans en avoir offert au petit garçon, qui accepta car il voulait parler d'égal à égal, il dit : "Je vais te répondre mais je crois que le plus important c'est que tu m'aies appelé maître. Je ne me trompe pas dis-moi ?" L'homme avait compris très vite ce que voulait Isidore. Le garçon dû reconnaître qu'effectivement c'était surtout pour cela qu'il était venu.

Après avoir bu une gorgée de café chaud et attendu qu'Isidore l'ait imité, il commença à parler lentement, comme pour être sûr d'être bien entendu. "Je crois que c'est ta maîtresse qui t'a parlé ainsi et que tant que tu n'auras pas compris ce qu'elle a voulu dire tu ne retourneras pas à l'école. Comme il faut que tu continues à bien travailler pour que je sois ton maître, car c'est là ton désir profond, je vais te répondre. Ta maîtresse trouve que tu as une estime très grande de toi. Elle le pense car tu as conscience de ta valeur de façon extrême et c'est pour cela que tu dois continuer à être un garçon très sérieux en classe. Mais tu dois lui prouver que c'est justifié et sans excès de ta part en faisant qu'elle ne puisse rien avoir à te reprocher. Je sais comment faire pour qu'elle oublie ton absence aujourd'hui. Nous parlerons de la suite après, à condition que tu me promettes de ne plus manquer l'école." Il promit mais voulut savoir comment la maîtresse qui notait toujours les absences ne remarquerait pas la sienne, même s'il savait bien qu'il était le dernier de ses soucis. "Je vais te donner un bracelet que tu offriras à ta maîtresse avant qu'elle fasse l'appel demain. Tu verras ce qu'elle dira. Mais comme il me reste peu de temps à te consacrer, nous allons parler de la raison qui t'amène pour de bon ici. Explique-moi tout sans rien oublier car je lis dans les pensées et je saurais si tu fais exprès de ne pas tout me dire."

Isidore parla donc : "Voilà, maître, je crois être le seul à avoir remarqué qu'il y a un rapport entre la disparition des indigents et des enfants et l'apparition de certains arbres. Je pense que vous possédez des pouvoirs qui les font disparaître, au moins aux yeux des humains. Je crois que vous les cachez dans des arbres qui apparaissent brusquement puisque j'y ai vu leurs vêtements accrochés après leur disparition. Je suis persuadé que vous faites cela pour leur éviter des souffrances. Et je voudrais devenir votre disciple pour empêcher les enfants et les indigents de souffrir. Faites de moi votre élève s'il vous plaît." Le marchand d'histoires posa son bol de café sur le rebord de la cheminée. Il prit beaucoup de temps pour réfléchir avant de répondre au jeune garçon. Enfin après avoir mûrement réfléchi, il dit : "Mon garçon, sache que je ne fais pas disparaître les gens, mais que je sais les faire renaître pour qu'ils soient plus heureux. Il faut pourtant les protéger souvent des ravages des hommes. Ceux du temps sont inévitables et un jour ils disparaîtront malgré tout. Mais leur existence aura été plus tranquille. Je n'ai que des pouvoirs limités et en ce moment j'ai de plus en plus de mal à les utiliser. Je vieillis et tu as raison, il me faudrait un disciple. Je te donnerai ma réponse après mon retour de la ville. Je veux simplement que tu réfléchisses avant de te décider définitivement et voici pourquoi. Tu n'es pas le seul à avoir remarqué les disparitions et les vêtements qui restent accrochés quand les arbres poussent avant que j'aie eu le temps de les retirer. Mais tout le monde est bien content de ce qui arrive. Je prends en charge les problèmes et débarrasse des indigents qui encombrent et des enfants qui dérangent. Personne ne fait d'histoire, trop content que le travail soit fait discrètement. C'est pour cela que l'on dit de moi que je suis un homme sans histoires. Réfléchis car c'est un travail ingrat et il me faut utiliser mes talents de conteur et vendre mes livres pour subvenir à mes besoins. En plus quand je vais à la ville, comme ce soir, j'y rencontre des femmes qui ont un grand pouvoir et qui me demandent beaucoup d'argent. Sinon je perds de ma puissance et je crois d'ailleurs que bientôt je serais bien incapable de satisfaire qui que ce soit. Et personne ne m'aide à rassembler cet argent." Isidore semblait impatient et pourtant inquiet de ces révélations. Il ne comprenait pas tout, sans doute parce qu'il était trop jeune. Mais il avait une autre source d'inquiétude et il voulait en faire part à son futur maître. Il savait qu'il lui restait très peu de temps, mais le marchand d'histoires lui accorda encore quelques instants.

"Voilà maître, c'est au sujet de Cynthia..." Il ne lui laissa pas le temps d'aller plus loin. "Je sais bien ce qui préoccupe ton jeune cœur mon garçon, lui répondit le marchand qui s'apprêtait à partir. Quand je vous vois ensemble il n'y a qu'à regarder vos yeux pour comprendre ce que vous ressentez. Et elle est déjà venue me voir pour me faire part de ses peurs car son beau-père la bat et elle craint pour la suite. Je tiens à te rassurer elle ne risque rien pour l'instant. Mais si tu lui donnes cette boîte de ma part elle sera protégée jusqu'à ce que nous puissions prendre une décision. Et tu m'y aideras si tu deviens mon disciple." Il fouilla dans une grande maie au fond de sa pièce et en ressortit un petit pilulier. "Tiens, dit-il en la lui tendant, dis-lui de prendre une pilule chaque jour et elle sera protégée de ce qui peut lui arriver de pire. C'est un extrait de plantes. Cela ne peut pas lui faire de mal. Maintenant je dois m'en aller. Nous reparlerons de tout cela à mon retour. Dorénavant Cynthia et toi devez être patients et bien travailler à l'école. Je suis tranquille de ce côté-là. Nous prendrons les décisions qui s'imposent dans peu de temps. Je pars. Sois sage mon garçon et veille sur ta Cynthia." Là-dessus, il disparut en direction de la ville.

"Bien, Monsieur Merlin, asseyez-vous. J'ai entre les mains votre courrier, votre conte complet et vos explications. C'est la première fois qu'en tant qu'inspecteur d'Académie, j'ai à traiter ce genre de problème.

Vous m'expliquez que vous n'avez pas eu le temps de terminer de lire à vos élèves de CE2, c'est bien ça ?, le récit que vous aviez écrit au cours de votre stage "Conter en classe". Mais Monsieur Merlin, vous n'êtes pas sans savoir, bien que jeune professeur des écoles, qu'il faut faire montre de la plus extrême vigilance quand on s'adresse à de jeunes enfants, et même aux moins jeunes. Ils racontent à leur façon ce qu'ils ont entendu à leurs parents. Personnellement j'ai reçu des familles avec leurs avocats. Certains parents ont le bras long et l'histoire remontera par Monsieur le Recteur et la voie hiérarchique, jusqu'au ministère. Laissez-moi finir. Je ne veux pas votre peau. Je suis persuadé de votre bonne foi. Mais vous avez pris un sacré risque en vous lançant de manière si incontrôlée dans cette narration. Laissez-moi terminer. Surtout il ne fallait pas laisser en suspens une histoire comme celle-ci. Je veux bien, comme vous me le dites dans votre courrier, que les parents fassent des histoires pour n'importe quoi. D'accord, mais justement, il vaut mieux se taire surtout si l'on n'est pas certain de terminer. Et puis les contes, vous savez, les enfants s'en amusent peut-être encore, mais plus les parents. Ils ont d'autres distractions. Comme vous me le dites dans votre courrier, en bouffant du prof par exemple. Je vous cite. La première chose, c'est de vous protéger. J'ai donc décidé de vous déplacer immédiatement. Laissez-moi terminer. Sinon les familles feront remonter l'affaire au sommet. Votre carrière s'achèvera dans ce cas. De toute façon vous aurez des casseroles bien accrochées derrière vous. Donc dès lundi la classe aura une remplaçante et vous, une nouvelle affectation. Vous pourrez participer au mouvement normalement. Mais je vous préviens, si j'entends encore une fois parler de vous, je vous coule. Et ce, dans votre intérêt. Je vais vous mettre les points sur les i *puisque vous semblez dubitatif. Imaginez un gosse qui raconte votre histoire à table, sans la fin admettons-le, quand ses parents lui demandent quel travail il a fait en classe. Ils s'attendent à une dictée, du calcul mental, l'histoire de France, la vie des grands hommes... Et l'enfant répond que le maître a passé son temps à lire un conte de son invention. Laissez-moi finir. Figurez-vous que l'un d'eux a raconté que votre marchand d'histoires allait dépenser son argent pour voir des dames à la ville deux fois par ans avec ses économies. Les enfants sont très surprenants vous savez. Une petite fille a dit que la maîtresse d'école déshabillait les enfants et que les garçons devaient recevoir une fessée devant tout le monde en montrant leur zizi. Un petit garçon a même parlé de cadeaux faits par des enfants à leur maîtresse. Vous savez que c'est assimilable à de la corruption de fonctionnaire. Et aussi que les filles, que la maîtresse n'aimait pas, allaient trouver refuge dans la maison d'un homme et qu'il faisait tellement chaud chez lui qu'elles se mettaient toutes nues dans son lit. Et puis vous leur avez parlé de la pilule, à leur âge ! Laissez-moi finir. J'ai peine à croire que vous aviez vraiment terminé votre conte. Je me demande ce que vous leur auriez vraiment raconté en fin de compte. Ne faites pas l'offusqué. Pas à moi, Monsieur Merlin. Nous vous jugerons sur votre conduite à venir. Nous vous accordons cette confiance. Soyez reconnaissant à l'Éducation nationale pour sa mansuétude. Mais sincèrement, quand je vous relis, je pense que vous avez adapté votre texte pour la circonstance. Je prendrai soin de faire savoir à votre remplaçante qu'elle devra faire en sorte que les enfants comprennent que cette histoire restera inachevée pour eux. Vraiment cette fin quand je la relis..."*

Le marchand d'histoires était bien vieux et bien malade aujourd'hui. Il s'était passé de nombreuses années depuis son départ à la ville en présence de son jeune ami. Aujourd'hui Isidore était à son chevet.

C'était un beau jeune homme, médecin, qui veillait un mourant. Il ne pouvait plus grand-chose que donner un peu de son temps pour ce pauvre vieux qui n'avait jamais songé qu'à faire le bien autour de lui. Il avait encore un peu de forces pour parler, mais il évitait le sujet de la petite Cynthia et de son aventure qu'il ne s'était jamais pardonnée. Le jeune homme avait beaucoup pleuré sa disparition et le vieux marchand ne s'était jamais remis de ne pas avoir réussi à unir les deux amis dans le mariage. Quand Isidore et Cynthia s'étaient présentés le lendemain à la maîtresse qui n'aimait pas les filles ni les bons élèves et lui avaient offert le bracelet, celle-ci s'était écriée : "Je comprends pourquoi tu étais absente hier. Regarde-toi, tu es encore verte. Mais ce bracelet est très joli et je l'accepte pour te faire plaisir. Quant à toi Isidore je n'ai remarqué ni ton absence ni ta présence et la page de mon cahier s'est effacée au cours de la nuit sans que je comprenne pourquoi." Ses parents aussi avaient remarqué son teint étrange. Pendant plusieurs semaines elle était restée ainsi, verte jusqu'au bout des ongles. Son beau-père ne la regardait même plus et c'était tant mieux. Un jour, alors qu'il lui avait donné une gifle, qu'elle ne méritait pas bien sûr – un enfant ne mérite jamais d'être battu –, il s'était mis à hurler de douleur : "On dirait que j'ai donné de la main sur un billot de bois" s'exclama-t-il. Plus jamais il ne l'avait frappée. Isidore s'inquiétait au fur et à mesure qu'ils grandissaient ensemble. Déjà quand ils se promenaient en se tenant par la main le jeune garçon trouvait que ses doigts lui laissaient davantage l'impression de ressembler à des brindilles qu'à une douce main de jeune fille. Quand sa poitrine commença à pousser elle remarqua que ses tétons avaient la forme de bourgeons. Elle n'oserait jamais les montrer à Isidore. Un jour pourtant elle lui offrit son premier baiser d'amour. Isidore lui dit que sa salive avait le goût de sève. Elle lui raconta alors tout un tas d'événements étranges la concernant. Elle voulait en grandissant devenir une belle jeune fille pour être aimée d'Isidore. Au lieu de cela elle devait cacher l'écorce qui petit à petit remplaçait sa peau. Isidore qui ne pouvait s'empêcher de l'aimer toujours en parla au vieux marchand qui se frappa le front en disant : "Je t'ai bien donné une boîte de pilules avant mon dernier départ pour la ville à faire prendre à Cynthia ? — Oui, maître.", avait répondu le pauvre garçon qui commençait à comprendre ce qui se passait. Le marchand dit aussitôt : "Ah ces vieilles sorcières avaient raison quand elles disaient que je n'étais plus bon à rien ! Je pars à la ville chercher l'antidote, mais j'ai les plus vives craintes quant à leur réponse. La dernière fois elles m'ont dit de ne plus compter sur elles, parce que j'étais trop vieux. Ce sont les risques du métier m'ont-elles dit. Je m'en vais de suite. Attends-moi sagement en veillant sur ta Cynthia."

Isidore eut une idée. Il proposa de l'accompagner

ainsi il ferait connaissance avec les sorcières de la ville qui apprenaient, pour très cher, le pouvoir de transformer les pauvres humains en arbres. Il avait amassé assez d'argent, dit-il, pour ses études de magie. Le marchand se fit prier car il craignait que ce soit en vain qu'ils fassent ce voyage coûteux. Mais, devant la détresse du jeune homme, il finit par se laisser convaincre. Une fois arrivées devant la maison des sorcières, elles refusèrent d'abord de laisser entrer le marchand d'histoires. Mais quand elles aperçurent Isidore, elles tombèrent sous son charme. Le jeune homme se dit que les sorcières étaient bien laides mais au fond plutôt généreuses. Il aperçut très vite qu'elles étaient aussi très savantes. Après avoir écouté l'histoire que le vieux marchand leur raconta, elles conclurent rapidement : "Vous voilà dans de sales draps. Votre petite Cynthia n'a pas pris la bonne dose de pilules d'Auxine[3]. Toi, vieil incapable tu savais qu'il fallait qu'elle prenne ces pilules en ta présence uniquement. Tu as commis une faute irréparable en t'absentant et tu n'auras plus jamais notre aide. Tu as perdu tout pouvoir. Garde ton argent Isidore. Ta place est parmi les hommes. Fais des études pour soigner les indigents et les enfants battus. Nous ne pouvons plus livrer nos secrets car tu sais trop de choses à notre sujet. Tu oublieras, ainsi que le

3. Hormone végétale qui favorise la croissance et le développement des plantes.

vieux marchand, où nous habitons. Tu seras un bon médecin Isidore mais Cynthia ne pourra plus retrouver son état normal. Elle sera mi-arbre mi-femme. Elle risque de souffrir beaucoup. Nous saurons lire son souhait dans son esprit. Si elle choisit de devenir arbre elle sera Cytise. Vous pourrez l'admirer, mais plus jamais lui parler car vous aurez perdu le pouvoir de comprendre le langage des arbres. Maintenant partez. De retour chez vous vous nous aurez oubliées. Adieu et trouvez le bonheur auquel vous avez droit parmi les hommes." Isidore comprit que le bonheur pour lui serait de soigner les hommes et les arbres. Les sorcières étaient sages et pas vraiment méchantes. Mais elles ne pouvaient plus rien pour ces deux malheureux. Il valait mieux s'en aller sans se retourner. Ce qu'ils firent.

En arrivant chez eux, ils trouvèrent Cynthia devant la porte du marchand d'histoires. Ils comprirent en la voyant qu'elle souffrait trop fort et que son choix était fait. Comme elle était généreuse elle ne voulut pas, avant de devenir Cytise, que le marchand se sente coupable de son malheur. Elle dit à leur surprise qu'elle était fautive d'avoir pris deux pilules par jour pour être certaine d'être invulnérable. Isidore se demanda de quoi elle voulait parler. Il avait déjà oublié. Le marchand pleura très fort mais seulement au fond de lui-même. Comme cela Cynthia ne vit pas sa peine. Elle le supplia de faire pour elle ce qu'il fallait. Lui seul entendit sa demande. Et quand ils eurent fini de creuser avec

Isidore le trou dans lequel ils allaient mettre l'arbre, un grand silence d'oubli se fit. Ils prirent le joli Cytise qui se trouvait à côté d'eux et après l'avoir placé au plus bel endroit de la forêt ils mirent une bonne terre pour qu'il pousse bien. Tous les jours, Isidore venait l'arroser. Il ne pouvait pas expliquer pourquoi, mais maintenant qu'il avait terminé ses études de médecine, il se disait souvent que les arbres pensent comme les hommes. Son préféré était un beau Cytise, aujourd'hui de belle taille qu'il allait souvent admirer.

Par nuit de grand vent il venait près de lui et écoutait le chant de l'arbre que faisait le vent dans ses ramures. Il en était certain, le Cytise chantait avec la même voix qu'il semblait connaître depuis une éternité. Une courte phrase lui revenait sans cesse en mémoire. C'était une voix de jeune fille qui lui disait ce que disent toutes les jeunes filles aux garçons dont elles sont amoureuses : "Comme je t'aime, comme je t'aime…

Risque 3 :
Ouvrir sa gueule

"Micro !

— Monsieur le professeur Von Rischtoflen...

— Von Rischhoffen s'il plaît vous.

— Excusez-moi, Monsieur le Professeur Von Rischzofen...

— C'est moi excuser. Ils y sont deux *h* und deux *f* und *sch* s'il plaît vous.

— Il plaît moi. Oh pardon ! Veuillez m'excuser. C'est d'accord Monsieur le Professeur Von Rischtoflen. Donc vous êtes ce soir avec nous en public sur ce plateau en tant que spécialiste de Rembrandt...

— Coupez ! Non mais mignonne. Tu ne vas pas nous faire une interview de ce type en le reprenant sans arrêt. Les auditeurs s'en foutent et les spectateurs encore davantage. (Rires dans l'assistance.) Sois sobre.

— Mais Monsieur, lui, il en fait beaucoup aussi. Un peu trop, non ?

— Écoute, ce n'est pas ton problème. Le producteur, c'est moi. Place bien ton micro et ferme ta gueule !

— Je m'en vais alors ?

— T'es une pétasse ou quoi ! (Rires dans l'assistance.) Si tu continues, je te vire pour de bon. Tu as ton texte, on a déjà travaillé dessus. Fais ce que je t'ai dit. Micro !

— Monsieur le Professeur Von Rischfoxen, vous êtes ce soir avec nous sur ce plateau en tant que spécialiste de Rembrandt... Ça va là ? (Rires dans l'assistance.)

— Coupez ! Mais si je ne dis rien c'est que ça va. C'est la dernière fois que je te reprends, après on passe à ta doublure.

— Monsieurjepensequevousm'envoulezparce quejen'aipasvoulucoucheravecvousetquemadou-blureelleabienvoulu.Alorsvouslapréférezetmoivo usvoulezsaisirlamoindreoccasionpourmevireral orsj'aimemieuxsavoirs'ilfautquejecoucheoupas-sinonditesmoifranchementcommesontlescho-sesetjem'envaistoutdesuitejepréfèrecommeçailn' yaurapasdemalentendujeseraifixéeetjen'auraiplus-defauxespoirssurmonavenirdejournalisteet... (Rires dans l'assistance.)

— (Hurlements du producteur.) La ferme ! On se calme. Vous reprenez pour la dernière fois. Ah ! Il va m'entendre le roi du casting qui m'a dégoté des zigotos pareils !

— Bon alors j'y vais ?

(Silence du producteur.)

— J'y vais ! [...] Monsieur le Professeur Von Rischboften, vous êtes ce soir avec nous en public sur ce plateau en tant que spécialiste de Rembrandt.

— (Hurlements du producteur.) Mais attendez. Je n'ai pas dit micros !

— Mais oui il n'a pas dit "micros" ! Sinon il ne sert à rien.

— Toi le professeur Von chose, la ferme.

— Micros !

— Tu vois, là il a dit "Micros" (Rires dans l'assistance.)

— Je n'en peux plus. Coupez ! Heu... Non ! Micros !

— Monsieur le Professeur Von Rischholfen, vous êtes ce soir avec nous sur ce plateau en tant que spécialiste public de Rembrandt. Voici quelques mois disparaissait dans un Musée sicilien un tableau du célèbre peintre allemand...

— Vous excusez moi couper vous, mais Rembrandt est peintre flamand et histoire pas exactement ça, Marmoiselle. Mais vous très jolie et Rembrandt fait très beau portrait de vous si lui plus jeune avec boucle d'oreille de jeune fille. Si vous vouloir accepter moi offrir très belles boucles pour oreilles charmantes de vous.

— Excusez-moi Monsieur le Professeur Von

Rischkoften mais il y a du monde ce soir sur ce plateau et nous sommes là pour parler peinture.

— Vous raison avoir. Je comprends gêne de vous pour dire O.K. devant tout le monde mais nous reparler après dans vestiaires après émission. (Rires dans l'assistance.)

— Ça va là ? (Rires dans l'assistance.)

— (Le producteur reste imperturbable.) Ça va comme ça mignonne. On coupera après. Pfuuu… !

— Bon. Donc je continue ?

— Continuez. (Lassitude du producteur.)

— Monsieur le Professeur Von Rizhokten, vous êtes ce soir avec nous sur ce plateau en public comme spécialiste…

— Pas toi, lui. (Profonde lassitude du producteur.) On coupera après…

— Oh ! Ya… Je reprends. Je comprends gêne de vous pour dire O.K. devant tout le monde mais nous reparler après dans vestiaires après émission. (Rires dans l'assistance.) Ce magnifique tableau que aucun n'a vu jamais était dérobé dans Musée de la Sicile en 1994. C'est grande perte car valeur inestimable.

— Monsieur le Professeur Von Rirchoflen je voulais demander vous, pardon vous demander, si vous ne soupçonniez pas un coup des Wallons pour discréditer les Flamands car entre eux les choses vont plutôt mal. Qu'en pensez-vous ?

— Pourquoi pas vous soupçonner minorité germanophone en Wallonie pendant tout ce temps, alors aussi ! N'importe quoi il ne faut pas dire.

— Oui vous avez raison Monsieur le Professeur Von Rishgloffen. Pourquoi pas les Daltons pendant que l'on y est. Donc...

— Excusez coupez vous moi, jolie marmoiselle, mais daltons pas soupçons possibles car eux pas voir couleurs tableau Rembrandt. Ou alors vole de nuit car Rembrandt grand spécialiste clair-obscur. (Rires dans l'assistance.)

— Clair-obscur comme ce que vous dites... Ce qui est le plus étrange...

— Ce n'est pas ton texte. Tu le fais exprès. Après cette interview je te vire. Coupez.

Jesavaisbienquevousnevouliezpasmegarderet quevousprendriezn'importequelprétextepourm erenvoyer.Là!Jem'envais.Prenezmaremplaçante. C'estfinipourdebon.

(Rires dans l'assistance. Elle se lève et s'en va. Le producteur fait appeler la remplaçante.)

— On reprend zoù mozieur ?

— Du début, tu n'as pas la même voix. Et fais vite pour cette première partie. Et on évite l'histoire des Flamands, Dalton et de la jeune fille à la boucle d'oreille et toutes ces conneries. Allez. Micros ! Et puis fais attention à tes liaisons.

— Oh, monsieur, mellez-vious de ce qui vious regarde ! (Rires dans l'assistance.)

— N'importe quoi ! Qu'elle la ferme ! Coupez ! Non ! Micros ! J'ai dit !

— Monsieur le Profiesseur Von Risczihhoffen, vous zêtes ce soir avec nous en public sur ce platieau en tant que spézialiste de Rembrandt. Voici quelques semiaines disparaissait dans un Musée Zizilien un tableau du célèbrizime peintre flamand Rembrandt… Z'ai bien fait là, hein !

— On coupera ! Continuez. (Le producteur semble excédé.)

— Ce magnifique tableau que aucun n'a vu jamais était dérobé dans Musée de la Sicile en 1994. C'est grande perte car valeur inestimable. Peut-être plus grande de le œuvre de Rembrandt.

— Ze comprends Monzieur le Profiesseur Von Risczihhoffen. Mais zil paraît tétrange que l'on annionce la dizparition d'un tablieau comme zelui-ci en 2007 alors qu'il aurait dizparu en 1994. Surtiout que persionne ne l'a zamais vu.

— C'est exact marmoirelle aussi très charmante. La mafia très activiste à la Sicile. Et grosse monnaie en jeu certainement.

— Mais Professieur…

— Coupez ! Écoute ma petite il faut que tu fasses un effort sur la prononciation. Tu zézayes, tu chuintes. Fais un effort pour avoir l'air intelligente. C'est une question essentielle. Imagine ce que les auditeurs qui vont devoir ingurgiter cette interview vont penser. Ils ferment le poste à coup sûr. Imagine l'atmosphère à Radio-France. Ils ne diffuseront jamais cela.

— Qu'est-ce qu'elle a mon atmiosphère ? Si t'es pas contient, reprends ta première pétaze et ne compte plus zur moi pour couchier. Et en plus il faut que z'aie l'air intelligente alors qu'à la radio persionne ne nous voit. (Rires dans l'assistance.)

— On a échappé à la gueule d'atmosphère. C'est déjà ça. Et toi le professeur arrête de te marrer. (Rires dans l'assistance.) Micros !

— C'est très justement exact charmante marmoiselle aussi. Ce qui est curieux le plus c'est parce que personne ne quoi sait rien de tableau inestimable disparutionné en 1994 et découverte 2007.

— Zustement Monzieur le Profiesseur Von Risczihhoffen comment peut-ion estimier la valeur d'un tableau que persionne n'a encore zamais vu à présient ?

— C'est là une bonne très question charmante marmoiselle. Inestimable il est, parce que personne jamais vu lui justement avant disparition.

— Mais professieur z'est toujiours le cas zi persionne la viu.

— Là vous commettre grande erreur marmoiselle adorable. Ravisseurs ont vu tableau eux ! Vous pas penser ça hein !

— Oh professieur comme vous zêtes intellizent ! (Rires dans l'assistance.)

— Oui marmoiselle adorable, nous reparler tout ça après dans vestiaires des commodités de studio.

— Oh Professieur ! Mais zi vous nous zexpliquiez l'originalité de la découverte de zette disparizion !

— Exactement et justement charmante adorable marmoiselle des vestiaires tout à l'heure. Le grosse originalité de disparition mystérieux c'est que avant 1994 pas personne ne savait tableau Rembrandt dans Musée sicilien. Et découverture de vol seulement 2007. C'est très grosse découverte de enquêteur Derrick le mien compatriote.

— Mais professieur, à combien peut s'estimier la valeur du tableau dans zes condizions car ze suppose que l'azurance a dû casquer un paqson.

— Oh ! Marmoiselle charmante ! Comme la vôtre langue délicate être, et...

— Professieur, laissiez vos mains là où elles ziont.

— Mais petite marmoiselle encore plus adorable quand colère est en vous, mais faire vous seulement semblant car moi très spychologue, moi comprendre les adorables marmoiselles faire semblant être en colère à cause présence de public putain.

— Vous zallez faire pieur au public qui n'iaime pas les gros mots.

— Je moi dire grosse bêtise dans la vôtre jolie langue. Je vouloir dire puritain.

— Vous vouillez un claque ?! (Rires dans l'assistance.)

— Te fais pas encore plus conne que tu n'es ! Continuez sans en rajouter des tonnes.

— Monzieur le producteur ze ne suis pas plus cuionne que z'en ai l'air.

— C'est vrai ! C'est déjà assez comme ça. (Rires dans l'assistance.) Continuez. On coupera après.

— C'est à qui ?

— Oui, tu nous coupes tout le temps !

— Mais vous le faites exprès ! Vous inventez des trucs qui n'ont rien à faire dans l'interview.

— C'est à toi professeur de mes deux !

— Où j'en étais ? Ah oui... Tu couperas au montage, hein.

— Et en plus il se fout de ma gueule ! (Rires dans l'assistance.) Allez !

— Marmoiselle délicieuse plus que jamais, valeur tableau incomparable, mais rien à regarder avec charmes de vous que moi avoir pu-t-apercevoir quand vous croiser jolies jambes. Moi expert et estimer prix sans valeur.

— Monsieur y m'a encore traité de piute ! J'ien ai ma claque. Ou alors je lui en fious une sur sa gueule.

— Eh pétasse il a dit que le paillasson que t'as entre les jambes est sans valeur. Et question vieux portrait, il en connaît un rayon !

— Oh monsieur, c'est vrai que vious avez dit tout ça sur mion compte ? Vous ziêtes trop honnête pour ça.

— Oui adorable petite marmoiselle Ich suis très

honnête. Et pour vous seule, moi dire toute vérité pour que vous convaincue de suivre moi à bout autre de le monde pour être petite femme de moi seul...

— Et ze serai riche ? Comme vious monsieur le professieur ?

— Oui petite marmoiselle adorable des vestiaires tout à l'heure pour tout moi seul. Si moi pouvoir donner vous belles boucles pour charmantes oreilles de vous très grand prix c'est que moi monter coup avec conservateur musée Sicile ami de moi et mafia. Grosse monnaie aujourd'hui et si vous tirez coup avec moi vous avoir jolies boucles pour oreilles à vous en choux comme se dit le Français.

— Professieur, après une telle réviélation publique, ze crois que le mieux zavant de tirer un coup z'est de ze tirer enzemble tout de zuite. On ze tire ?

— Ya ya ! On tire nous !

Des coups de sifflets retentissent. On entend "Police", "Halte ! Bras en l'air."

— On tire sur nous surtout ! Je avoir trop parlé.

— T'aurais zurtout mieux fait de fermier ta guieule."

Mesdames, Mesdemoiselles, Messieurs, la pièce en un acte que nous avons eu le plaisir d'interpréter ce soir, "Fermer sa gueule" pour la trois cent cinquante quatrième fois est de Michel Ponte qui en a assuré la mise en scène, les lumières, les costumes, la scénographie et les décors. Le rôle des présentatrices était interprété par Isabelle Magnier, celui du Professeur Von Rischhoffen par Gérard Gabriel et celui du producteur par… Michel Ponte.

Si vous aviez entendu l'ovation !

Risque 4 :
Il n'y a pas de plaisir sans risque

Reprenons le fil des Événements à partir de la veille du jour qui a précédé ce drame. Nous sommes le mardi 18 mai 1993. Sylvianne vient de se disputer avec son amant qu'elle quitte en claquant la porte. Il l'a traitée de "putain" et tout ce que vous pouvez imaginer. Soit, elle est ce que l'on appelle communément une femme libre. Est-ce une raison ? Elle n'a que peu d'argent et décide cependant de partir loin... Elle ne peut en dire davantage car elle ne sait même pas où elle va aller. Elle se retrouve Porte d'Italie. Là, des camions se préparent à partir pour différentes destinations transporter leurs marchandises et, c'est connu des routards, des gens qui cherchent à voyager gratuitement, ou presque. Souvent ils ne peuvent plus supporter, pour une raison ou pour une autre, leur vie du moment. C'est le cas de Sylvianne. Elle discute avec un chauffeur, genre costaud et sympa qui incite plutôt à la confiance, surtout qu'il se montre poli. Sa vulgarité n'entache pas la sensation de sécurité qu'il dégage. Ils tombent rapidement d'accord. Le chauffeur doit prendre, avant l'autoroute, un de ses collègues chez lui pour pouvoir se relayer car ils transportent de la marchandise dans le sud de l'Espagne en passant par Madrid et la route sera longue. Le camion est gros et il y a une couchette surélevée. Ils pourront y dormir à tour de rôle.

Sur la route le chauffeur appelle son copain avec sa C.B. et le prévient qu'il y aura une "poulette" pour le voyage. Certaines plaisanteries éveillent un soupçon sur les intentions du camionneur dans l'esprit de Sylvianne. Par exemple elle entend que l'interlocuteur fait des réflexions comme "On va pouvoir se l'embrocher". Se rendant sans doute compte de ces maladresses, il met un peu de musique genre F.I.P. en adressant à sa passagère un : "Tiens ça va vous distraire de nos idioties !" Il lui adresse en prime un sourire qui semble vouloir l'excuser. Puis il ajoute une parole rassurante du genre : "On ne clope pas mon copain et moi mais ça ne nous dérange pas si vous voulez fumer." Elle lui répond qu'elle fume peu et attendra les arrêts pour descendre prendre un joint si elle en a envie. Elle se rassure d'autant plus qu'il lui tend *France Soir* qui traînait dans son vide-poches. Tenez lisez ça. C'est pas très drôle mais enfin il a eu ce qu'il méritait le gars.

Elle commence la lecture de différents articles. Il l'oriente. "Je veux parler de H.B., vous savez Human Bomb comme il s'appelait, le type qui a pris en otage des enfants dans une école maternelle de Neuilly. Ah les fils et les filles à Papa ont dû avoir la pétoche ! Et les parents alors… !" Elle comprend qu'il parle de l'affaire Éric Schmitt qui a défrayé la chronique le jeudi d'avant, le 13 mai. "C'est le R.A.I.D. qui lui a troué la peau à ce salaud. Ils l'ont étendu raide, c'est le cas de le dire", ajoute-t-il d'un rire qui semble malsain à Sylvianne. "Vous trouverez les détails dans les articles. Moi je me contente des gros titres. Le reste c'est par le poste que je le sais." Elle semble absorbée par la lecture d'un passage. Elle se tourne vers le chauffeur qui ne paraît occupé que par sa route. Elle vérifie la date. C'est le journal du 17. Elle lit à voix haute un article signé Philippe Bouvard qui dit : "Les assassins potentiels doivent savoir que la peine de mort abolie dans les prétoires subsiste sur le terrain et qu'elle est alors immédiate et sans appel." Elle est offusquée que dans un pays où l'on a aboli la peine capitale de tels propos puissent être tenus. Elle poursuit par des commentaires : "Il compte s'attirer les faveurs d'une partie de l'opinion publique toujours acquise à la peine de mort." L'homme lui rétorque qu'il a bien raison. Que lui, il leur couperait la tête à tous ces criminels. Et qu'elle pourrait demander à son copain qui montera tout à l'heure. Il est encore pire que lui. C'est autre chose qu'il leur couperait. Elle lui dit que ce ne sera pas la peine d'en reparler.

Pourtant quand il a pris en charge son copilote il a eu vite fait de remettre la question sur le tapis. Effectivement c'est "les couilles" qu'il leur couperait, lui, le type un peu sec et dégarni, au nez aquilin qui est monté une demi-heure plus tard. Maintenant Sylvianne est moins rassurée. Surtout quand le nouveau venu ajoute : "Peut-être pas aux violeurs tout de même. C'est souvent elles qui cherchent." Devant le froid qui s'est installé dans la cabine du camion, les chauffeurs ont ri. Pour détendre l'atmosphère sans doute. "Ne vous inquiétez pas, il raconte toujours des conneries, pardon mam'zelle, des âneries. C'est pour faire le malin. Il s'amuse à faire peur aux passagères qu'on prend, surtout si c'est des belles poulettes comme vous." Mais comme ils continuent sur cette affaire, elle préfère reprendre l'initiative de la discussion puisqu'elle paraît inévitable. Elle n'aime pas parler de ces choses-là avec des gens qui développent ce genre d'arguments, ce qu'elle appelle des "Beaufs". Pourtant elle fera cet effort pour ne pas se montrer méprisante envers eux. Mais cela n'arrangera rien.

Quand elle pose la question "Est-ce que ça s'est vraiment bien terminé ?", elle s'est placée dans le camp des méchants. Mais elle ne peut pas s'empêcher de faire remarquer que l'exclamation du maire de Neuilly, Monsieur Nicolas Sarkozy "La vie est belle", était scandaleuse. Le capitaine des pompiers, une femme, avait même fait remarquer que l'on pouvait dire que les choses avaient mal tourné car H.B. dormait quand il a été abattu. Elle se souvenait que le ministre de l'Intérieur, Charles Pasqua, avait déclaré "Tirez si vous pouvez" alors que pour elle on aurait dû s'attendre à : "Ne tirez que si vous ne pouvez pas faire autrement." Malgré le silence de mort qui régnait dans la cabine et que le bruit du micro n'entamait pas elle ne pouvait s'empêcher de montrer son désarroi. Les conducteurs ne disaient mot. Ils échangeaient des regards, simplement. Elle ajouta : "Les conditions de la légitime défense n'étaient pas réunies. Il devait être arrêté et jugé." Puis plus aucun mot ne fut prononcé. Chacun avait choisi le silence. Sauf le camion qui ronronnait comme un gros matou.

La nuit était tombée et Sylvianne commençait à avoir faim. Le camion maintenant sur l'autoroute roulait toujours comme un métronome. Le premier chauffeur qui se faisait surnommer Bibi s'adressa à son collègue : "Klaus, t'as pas faim ? Et la p'tite demoiselle qu'est-ce qu'elle dit ?" Ne voulant pas les froisser elle acquiesça. Elle avait vraiment un peu faim et souhaitait aussi se dégourdir les jambes. Ils s'arrêtèrent sur une aire de service. Elle alla s'acheter une bouteille d'eau et un sandwich.

Quand elle ressortit elle chercha le camion. Au bout de quelques minutes elle se rendit à l'évidence.

Il était parti. Par une étrange intuition, elle avait mémorisé le numéro d'immatriculation et l'inscrivit sur son carnet d'adresse. Désemparée, elle commença à demander à quelques camionneurs s'ils avaient vu ce camion conduit par Klaus et Bibi. Personne ne lui répondit positivement. L'un des chauffeurs lui proposa de la descendre jusqu'à Bordeaux. Il lui sembla plus rassurant que les deux autres. Elle accepta. Les quelques heures qui suivirent se passèrent agréablement. Elle s'endormit sur son siège. Le conducteur ne la réveilla pas. C'est l'arrêt du véhicule sur une aire de repos qui la sortit de sa torpeur. Il faisait totalement nuit. Elle vit sur le tableau de bord qu'il était minuit passé. Le chauffeur lui dit qu'il souhaitait faire un petit somme. Elle pourrait disposer de la couchette, lui dormirait sur son siège. Elle le remercia de sa bienveillance et lui dit qu'elle souhaitait se rendre aux toilettes avant. Elle descendit puis revint sur ses pas pour prendre son sac qu'elle avait oublié sur le siège. Elle aperçut alors l'homme se servant de sa C.B. Il la reposa quand elle s'approcha et sembla gêné. Elle ne comprit pas cet embarras. Puis elle repartit vers les toilettes. Il n'y avait aucun véhicule sur l'aire de repos. Elle était inquiète sans pouvoir dire pourquoi.

Quand elle ferma la porte des toilettes elle entendit un bruit de gros moteur. Elle se sentit un peu rassurée par la présence d'autres personnes sur ce parking. Elle eut d'ailleurs du mal à distinguer s'il y avait un seul bruit de moteurs. Peut-être deux. Elle n'en était pas sûre. Avant de sortir elle se lava les mains et ne remarqua plus la moindre lumière à l'extérieur. Les éclairages publics étaient éteints. Sans doute une panne. Elle tira de son sac une petite lampe de poche. Elle éclairait faiblement et la recharge ne tiendrait certainement pas longtemps. Elle eut cependant le temps de se rendre compte qu'il n'y avait plus le camion pour Bordeaux et elle fut prise de panique. Elle retourna en direction des toilettes pensant s'y réfugier en attendant que la lumière revienne. Au bout de longues minutes elle se décida à sortir pour aller jusque sur l'autoroute et s'y faire remarquer, pourquoi pas par la police. Au moins elle serait en sécurité. Elle commença à avancer quand brusquement des phares s'allumèrent. Elle fut totalement éblouie, au point ne plus rien voir. C'était pire que la nuit. C'était la terreur. Elle se sentit empoignée par deux forts bras et voulut crier. Une sorte de tissu lui enserra la bouche ainsi qu'une partie de la tête. Elle se débattait avec force et un œil se dégagea. Elle aperçut alors la plaque d'immatriculation d'un gros véhicule. Elle reconnut aussitôt le numéro du camion de Bibi et Klaus.

Quand elle réussit à retrouver quelques forces, le petit jour pointait. Un homme s'avançait vers elle, mais elle n'avait plus peur. Le pire était arrivé. On venait de la violer, comme tant d'autres femmes. Ses vêtements étaient croûtés de boue ainsi que ses cheveux. Ses sous-vêtements avaient été arrachés. Elle en vit quelques restes sur la pelouse plus loin. Elle avait mal dans les articulations qui avaient été tordues pour la maintenir immobilisée pendant que les deux hommes abusaient d'elle. L'homme se pencha et lui parla en lui soutenant la tête qui la faisait souffrir. "Ne craignez rien, je suis médecin." Elle répondit, et se demande encore si ce n'est à ce moment-là que germa en elle l'idée de sa vengeance, "Et moi Aide-soignante à Saint-Antoine." Il la questionna pour savoir ce qui lui était arrivé mais compris très vite de quoi il ressortait et n'eut pas besoin qu'elle lui fournisse des détails. "Si vous pouvez marcher un peu, ma voiture n'est pas loin et je vais vous examiner succinctement avant de vous emmener à l'hôpital et de porter plainte. Je vous ferai un certificat constatant vos blessures qui vous servira pour la plainte." Elle le remercia et le suivit jusqu'à sa voiture, un gros break dans lequel se trouvaient une femme et deux enfants. L'homme lui dit qu'il avait ramassé un sac de voyage sur le trottoir et s'était permis de l'ouvrir. Il y avait trouvé quelques vêtements, des papiers qui étaient les siens et de l'argent. Il y avait deux mille francs et pensa qu'ils n'avaient peut-être rien volé. Ce n'était pas dans leurs intentions sans doute. Il fournit deux ou trois explications succinctes avant de l'installer à l'arrière après avoir fait descendre sa petite famille. Il dit qu'il n'en avait que pour quelques minutes.

Elle aurait suivi n'importe qui il y a quelques instants et serait allée porter plainte à l'autre bout du monde. Maintenant qu'il était en train d'écrire sur une ordonnance elle ressentit un désintérêt pour ce qu'il voulait faire, même si c'était avec la meilleure intention du monde. Quand il lui tendit le papier elle ne le lut même pas et le plia pour le garder dans sa main. Il la regarda surpris et lui demanda si elle était d'attaque pour aller jusqu'au premier poste de police ou de gendarmerie qu'ils rencontreraient. Elle réfléchit un instant. Mais ce n'était plus des questions qu'elle se posait. Elle venait d'élaborer un plan. Elle demanda si l'on pouvait d'abord essayer de trouver quelques vêtements décents. Il lui répondit qu'il la comprenait bien et que cela ne gênerait personne dans la voiture. Elle aurait effectivement pu s'en inquiéter, mais personne ne sachant ce qu'elle ressentait n'osa poser la moindre question ni formuler un quelconque commentaire. Sortis de l'autoroute, ils cherchèrent une ville. Elle ne remarqua pas les noms qui s'inscrivaient sur les panneaux de la route. Elle n'était plus absorbée que par une chose. La voiture passait maintenant dans une rue commerçante. Elle demanda qu'on s'y arrête. Le conducteur lui proposa de la retrouver sur le parking de la place qui était juste à quelques centaines de mètres plus loin. Elle demanda à prendre son sac qui était dans le coffre. La voiture s'éloigna sans qu'elle pense même à dire merci. Elle fouilla dans ses affaires et constata que tout s'y trouvait. Elle entra dans un magasin de vêtements qui venait d'ouvrir. Ce fut le premier. Après quelques recherches elle était mise de façon décente. Seule sa coiffure qu'elle avait tenté de remettre en place laissait à désirer. Et puis elle avait de plus en plus de douleurs qui la faisaient souffrir. Elle prendrait en rentrant des anti-inflammatoires. À la dernière commerçante à laquelle elle s'adressa, elle demanda où se trouvait la gare. Elle n'osa pas le nom de la ville. Une fois sortie, elle fila à la gare S.N.C.F. devant laquelle elle était passée en voiture tout à l'heure. Elle demanda à quelle heure était le prochain train pour Paris. Le guichetier lui répondit qu'il l'attendait sur le quai et partait dans moins de cinq minutes.

Le docteur M. l'avait cherchée longtemps. Dans un magasin de vêtements une vendeuse lui dit qu'effectivement elle se souvenait d'une femme déguenillée qui lui avait demandé où se trouvait la gare. Au commissariat, il ne sut comment la décrire puisqu'elle avait changé de vêtements et il n'arrivait pas à se rappeler son nom qu'il n'avait qu'entrevu sur ses papiers quand il avait découvert son sac. Les policiers lui dirent qu'ils ne pouvaient rien enregistrer hormis son témoignage appuyé de celui de son épouse comme quoi ils avaient bien aidé une jeune femme qui déclarait avoir été violée et qu'en tant que médecin il avait constaté des ecchymoses. Mais, lui avait-on fait remarquer souvent des filles acceptent des transports qu'elles payent en nature et s'étonnent si elles n'ont pas été assez consentantes de se retrouver sur le bord de la route. Ils n'avaient aucune preuve du viol. Quelques petits sourires narquois accompagnés d'un "Vous semblez vous attacher particulièrement à ce cas ; êtes-vous certain qu'elle ne vous a pas berné ?" le découragèrent de poursuivre dans cette voie. Il partit avec sa petite idée derrière la tête.

Sylvianne était rentrée chez elle. Elle disposait d'une pharmacie bien équipée, et prit des anti-inflammatoires avec un somnifère qui lui permettrait de dormir. Elle aviserait après. À son réveil elle laissa passer plusieurs heures en écoutant la radio, quelques informations et un peu de musique de variété. Elle déjeuna des restes peu nombreux qu'elle retrouva dans son réfrigérateur. Elle se reposa un peu après son repas puis sortit se rafraîchir en marchant au soleil. Elle se sentit mieux, rentra et commença à mettre au point son projet.

Le Docteur M., de son côté, avait retrouvé sa trace grâce à des amis médecins qui travaillaient à l'Hôpital Saint-Antoine. Après ses vacances, elle avait repris son travail. Tout leur semblait normal. Mais elle n'avait rien déclaré à aucune de ses amies du service et ils ne pouvaient rien dire de plus. Il était persuadé qu'elle n'en resterait pas là et se dit qu'il fallait attendre qu'elle se manifeste. Peut-être un jour finirait-elle par avoir besoin d'une aide, d'un soutien, se confierait-elle ?

Sylvianne dès qu'elle en avait l'occasion retournait Porte d'Italie. Elle errait autour des camions et se faisait parfois siffler par les camionneurs. Elle s'en moquait. Pour elle, une seule chose comptait. Retrouver le camion de Bibi et Klaus. Ce fut le soir du 7 juin 1993 qu'elle découvrit le monstre. Tout lui semblait inimaginablement grand. La calandre, la hauteur de la cabine et puis les phares qui n'étaient pas encore allumés en cette fin d'après-midi. Elle fit le tour de l'engin. Personne ne rodait dans les parages, à part elle. Elle osa se demander combien de filles étaient tombées dans le piège depuis ce jour de mai. Combien de femmes violées, peut-être de très jeunes filles en fuite, ayant cru un instant avoir trouvé la liberté avant de découvrir l'horreur du viol. Elle se ravisa. Son imagination en ajoutait peut-être trop. Et c'était déjà bien assez d'une victime. Égoïstement c'était elle qui comptait. C'était sa vengeance qu'elle voulait assouvir, pas celle des autres. Elle grimpa sur le marche-pied du côté du conducteur, ouvrit la porte et déposa une carte. Elle avait mis du temps à la composer. Elle voulait éviter la méfiance des deux hommes. Que ces salauds soient convaincus par ses mots. Elle avait choisi d'être laconique. Il fallait compter sur leur naïveté aussi. Elle ne fut pas déçue.

Le Docteur M. rentrait chez lui à la fin d'une journée assez chargée pour une fin de mois de juin. Il avait oublié Sylvianne ces derniers jours et se réjouissait de pouvoir profiter de la présence de ses enfants et de la compagnie de sa femme. Elle l'attendait en effet. La mine qu'elle faisait lui fit craindre le pire pour les enfants. Elle le rassura de ce côté-là, s'efforçant, en épouse attentive de le calmer et de lui dire qu'elle devait lui parler tranquillement. Il s'assit. Elle avait préparé un thé, le servit et commença à lui expliquer que la police avait appelé au sujet de Sylvianne, l'aide-soignante qu'ils avaient secourue sur l'autoroute. Il n'osa pas dire "Je m'en doutais" car s'il s'attendait bien à quelque chose, il n'aurait su dire quoi. Sa femme lui expliqua qu'ils devaient se rendre à la police judiciaire sans tarder. Comme elle avait contresigné sa déclaration du 19 mai, ils devaient se rendre ensemble au commissariat.

Derrière les barreaux, Sylvianne ne regrettait rien. Son avocat, Maître Collaro, ne lui avait pas caché son embarras. Elle avait refusé de prendre un défenseur déclarant tout de go à la juge d'instruction que son cas se défendait de lui-même et que personne ne la condamnerait. Mais la magistrate ne l'avait pas entendu de cette oreille. Elle attendait des preuves du viol ce qui de toute façon n'aurait pas empêché son inculpation pour "Coups et blessures avec préméditation et circonstances aggravantes, ayant entraîné la mort pour l'une des victimes et une invalidité pour l'autre". On lui commit un avocat d'office. Le Docteur M. avait prudemment rencontré ce dernier pour lui dire sa conviction de l'honnêteté de la jeune femme.

Il n'en était pas moins troublé des circonstances de ce nouveau drame. S'il avait su ce qui s'était échangé entre les victimes au sujet de l'affaire Éric Schmitt, peut-être aurait-il trouvé des mots plus convaincants au procès. Il n'y avait plus maintenant que des coupables de part et d'autre et surtout, à ses yeux, des victimes. Il ne put que témoigner que de ce qu'il avait constaté. Quand il se dit convaincu de la bonne foi de Sylvianne, la défense lui demanda de prouver le viol. Il en fut incapable, bien entendu.

Sylvianne répéta que si les hommes étaient venus à son invitation chez elle, c'était bien pour profiter d'elle. Mais la défense eut beau jeu d'affirmer qu'elle leur avait bien fait une proposition. Et à sa charge de disposer de somnifères et d'un bistouri pour les émasculer tous les deux. Bibi s'était retrouvé seul sur le palier, dans une mare de sang. Klaus qui s'était débattu quand elle l'avait châtré avait fait une hémorragie fatale. Sylvianne avait eu beau appeler les secours une fois son méfait accompli, cela ne la déchargeait pas de la mort de l'un des deux hommes. Et en plus, elle avait déclaré que même si elle ne souhaitait pas leur mort elle ne regrettait rien. Bibi qui avait dû perdre dix kilos depuis son hospitalisation ne pouvait plus conduire. Elle s'enferma un peu plus en déclarant qu'il ne pourrait plus violer non plus. Le Docteur M. était consterné par ses propos, même s'il souffrait pour elle, et par son défenseur qui ne savait plus comment s'y prendre. Le médecin avait rencontré un chroniqueur judiciaire qui travaillait sur différentes chaînes radiophoniques et de télévision. Il comptait sur son talent plus que sur celui de l'avocat pour faire basculer par ses éditoriaux et ses articles les jurés et l'opinion publique. C'est en s'inspirant de ses articles que j'ai raconté ces événements. Il avait suivi toute l'affaire avec un grand soin et ne manquait jamais une occasion de parler et d'écrire pour Sylvianne.

Certainement, ses articles ont contribué à alléger la peine prononcée par un jury attentif et compréhensif. Bibi ne jurait que de venger son camarade mortellement blessé par cette "salope" et son honneur d'homme mutilé dans sa plus profonde intimité. Sans parler de la calomnie qui voulait les faire passer pour les violeurs qu'ils n'étaient pas. Elle ne disait presque rien sinon quelques maladresses comme "J'ai vengé mon honneur et celui de toutes les femmes violées, mais combien ont préféré se réfugier dans le mutisme." Le juge ne manqua évidemment pas de lui faire remarquer que la justice faisait son travail du mieux qu'elle le pouvait et que ce n'était pas à elle de se faire justice elle-même. Encore aurait-il fallu que le viol ait été prouvé. C'est sans doute le chroniqueur judiciaire qui eut le plus d'influence sur le verdict. Quant à son avocat, il fit pour le mieux sans être maladroit ni brillant. Pour une première plaidoirie !

"Non. Je n'irai pas par quatre chemins. Pas davantage que ces deux hommes qui ne méritent la moindre compassion et n'ont pris de détours. Ont-ils eu la moindre considération pour Sylvianne ? Je vous demande d'imaginer le travail mental que cette pauvre jeune femme a fait pour supporter les douleurs de ces humiliations, le regard de ses amis. Même ses proches ne devaient pas manquer d'arborer un petit sourire narquois en l'entendant raconter ces heures affreuses de sa jeune vie. Sans vous parler de son refus de demander assistance sachant d'avance ce qui se serait dit : "Elle l'a sûrement bien cherché." C'est malheureusement chose connue. La femme est responsable des affres qu'elle subit…

Risque 5 :
Le tout pour le tout

Je prends l'extrême risque d'écrire
Les mots me manquent pour que tu n'oublies pas
Que je ne sombre pas dans la noirceur de ton absence
Je sais que la vague du temps finira par effacer nos empreintes
Ton souvenir ne laisse aucun répit
Je veux que ta mémoire revive de mon existence
Que ma présence t'habille pour que tu sois belle
Comme au jour de notre rencontre
Je sais que tu l'as déjà fait sombrer avec le navire de notre temps passé
Je sais que je ne peux plus être le capitaine de ton vaisseau
Tu as pris la barre et le rivage s'est éloigné de toi pas toi du rivage
Moi qui suis resté sur la plage

Je cherche à m'en crever les yeux la silhouette des voiles de ce trois-mâts à bord duquel tu te retrouves seule maîtresse avant les Dieux

Je fais couler une poignée de sable qui mesure le temps infini de chaque grain de silice qui compose ce dépôt

Je suis comme le granit d'où chaque minéral s'est détaché pour former l'étendue interminable de mon attente
J'imagine
Je risque le tout
Je veux voir sur l'horizon se détacher le visage d'une proue à ton image
Pour que tu n'ignores pas ma présence je grave des mots dans le sable
Tu les liras du lointain de ton retour
Je risque le tout
Si ces mots venaient à te déplaire tu donnerais un ordre bref à ton enseigne
Barre à 180 degrés
Tu serais déjà loin
Il va me falloir trouver les mots qui attirent les nefs en perdition
Il va me falloir veiller à ce que les vents ne retirent pas le moindre fragment de cette dune sur laquelle des morceaux de moi sont inscrits

Une Sittelle passera sur l'aile et courra te prévenir de mon attente infinie
Ton équipage en détresse te suppliera de ne pas accoster
Chaque homme s'est embarqué pour te servir
Comme moi ils craignent de te perdre
N'accoste pas te crieront-ils
Sinon comment pourrons-nous obéir à tes ordres adorés
Viens te hélerai-je sinon comment mes mains pourront-elles dessiner sur ta peau nue les mots que j'écris sur la plage
Tant de nuits sont passées habillées de ton repos
Je veux vivre de ton tourment
Entrer dans ta tempête
Recevoir l'écume de ta lassitude
Regarder le sillage indécis de ta trace
Respirer ton odeur d'algue

Je me retourne Je te cherche Je suis sans lendemains

Il y a tant d'années que j'attends ce voyage
Le soleil puis le sel m'ont aveuglé
Je ne peux plus voir ton visage
Mes rides l'interdisent
Mes mains sont crevassées et mes yeux sont crevés
Toi tu es si loin
Où as-tu accosté

Le temps s'est emparé de nos vies pour les réduire dans l'espace des étoiles
À quel demain s'appuyer pour que naisse encore la flamme d'un souvenir
Je tiens dans mon poing cette masse de sable
Comme elle pèse le long de mon bras alors que chaque jointure craque
Vieux bois de la charpente
Un rayon de lune pénètre mes paupières closes sur mes yeux grand ouverts
L'homme au lamparo y chemine pour ceux qui lèvent les yeux
Ils voient l'astre et ses ombres-mers
Demain sera différent d'hier
Demain sera le jour de notre retour
Chaque jour sera un nouveau chavirement
Il y a si longtemps que j'ignore où est l'océan
Sinon par le bruit du flot qui bave son écume
Mes mains se tendent encore vers l'infini de l'horizon
Quand tu reviendras sauras-tu toujours feindre de me voir pour me faire espérer que tu m'ignores

Ce jeu va-t-il se poursuivre comme autant de siècles
N'aurons-nous pas oublié jusqu'à notre haine
Le désir de tout perdre ne sera-t-il pas encore triomphant
Vois ces grands oiseaux de nuit tourner autour des étoiles

Ils ont deviné l'ombre de ton esquif
Ils attendent l'heure où tu ne reviendras pas
Pour eux ce sera le moment
Pourquoi le savent-ils mieux que nous
Dedans il n'y a que la nuit
Pas de lueur
L'homme sur la lune ne m'éblouit plus
Encore quelques siècles à attendre

Je me retourne Je te cherche Je suis sans lendemains

Le sommeil m'a enfoncé un peu plus dans le sable
La plage m'engloutit et mes mains ne trouvent plus leur trace
Je ne sais plus me traîner vers toi
Toujours présente tu emplis ma pensée
Le crissement des pas le hurlement des voix m'effraient
Je suis un crustacé tant le sel m'a figé
La peau ne me brûle plus
Je n'ai plus de peau
Mes yeux ne me parlent plus
Je n'ai plus de lumière
Les vagues ne m'entendent plus
Mes oreilles sont en sommeil
Ma pensée n'est plus toi
Je ne connais plus le mot espoir
Si je me retournais si je te cherchais s'il y avait un lendemain

Je n'en saurais rien
Tu ne reviendras pas me le dire
Des mains m'ont saisi
Mon corps est traîné
Quelques galets me heurtent
Si je voulais crier je n'aurais pas mal
La douleur m'a abandonné
Sans lumière sans douleur sans regard que suis-je
Les mots m'ont abandonné
Tu m'as abandonné
Je suis un homme sans qualité sans hier
Aujourd'hui ne peut m'entraîner vers un autre rivage
Demain ne m'appelle pas

Je me retourne Je te cherche Je suis sans lendemains

De ma bouche emplie de sable aucun cri ne peut sortir
J'entends le silence assourdissant des malles que l'on débarque
Je suis dans le port de l'absence
Dans l'anse de l'oubli
La peau se détache de ma chair comme le souvenir de mon espérance
Demain ne sera pas pire qu'aujourd'hui
Aujourd'hui sera comme hier une attente sans avant
Demain est comme le passé un vécu sans vouloir

Je me retourne Je te cherche Je suis sans lendemains

J'ai tout risqué dans ces mots
J'ai souhaité te perdre me retrouver
Quelle lumière pourra-t-elle m'éblouir à ce jour
La nuit seule pourra me tenir compagnie
Le sable et ma chair décomposée ne feront plus qu'un
Le ressac m'emportera vers toi
Mes restes iront à ton encontre vers ta rencontre
Des barbares auront assailli ton vaisseau
Tu seras leur prisonnière leur marchandise
Tu ignoreras que l'eau sur laquelle ton navire flottait emportait mes restes
Tu te croyais invincible
Ton équipage aura péri pour ta beauté
Nul ne reviendra de ce périple
Je ne reviendrai pas à cette plage
Tu m'as abandonné

Tu te retournes Tu me cherches Tu es sans lendemains

Risque 6 :
Il faut vivre avec son temps

Le 19 juin 1985, quelque part au Québec.

Chers vous trois,

Il ne m'est pas difficile d'imaginer votre surprise quand vous recevrez cette lettre.

Dix ans déjà. Comme le temps passe ! Excusez la trivialité de cette réflexion.

J'ai préféré ne pas vous faire parvenir une photo récente. Il y aurait eu Bastien, qui est mon compagnon depuis que je suis arrivée au Canada, tout de suite, Rosetta et Alizé ses deux filles et Sécotine notre chienne. En arrière plan, vous auriez découvert la maison en bois dans laquelle nous passons une partie de nos vacances, près d'un petit lac. Une vraie cabane au Canada. Bien sûr, un ami aurait pris cette photo pour que je m'y trouve aussi. Vous m'auriez reconnue, c'est certain. En auriez vous souffert davantage ? Je l'ai craint. C'est pour quoi je me suis abstenue de le faire. Peut être une autre fois, bientôt qui sait... ?

Si je vous contacte après tant d'an nées de silence, suite à cette évapo ration, par un beau jour de 1975, qui a dû vous sembler si mystérieuse, si inexplicable, ce n'est pas pour me justifier ou me faire pardonner. Je suis impardonnable et pourtant je ne regrette rien. Rien des six années passées auprès de toi Paul Marie et d'Isild et Charles, nos deux enfants dont tu es toujours le père. Ils ont maintenant 17 et 15 ans. Aucun regret concernant mon départ ni "la manière".

Je ne parviens pas à imaginer que ce sont encore mes enfants. Des enfants ça se mérite, mais ça ne s'abandonne pas. Ai je été une mère indigne ? En toute bonne foi, je ne le crois pas. Je vous l'ai dit, je ne ressens pas le besoin de me justifier, n'ayant aucun sentiment de culpabilité. Mais vous ne devez pas en avoir vous non plus. Pourtant, je sais que cela a été le cas. J'ai suivi vos recherches de l'autre côté de l'atlantique. Vous n'avez jamais su qui me renseignait et je ne vous le dirai pas, je préfère que vous le sachiez tout de suite.

Paul Marie, j'ai souhaité que tu refasses ta vie et que tu donnes une mère à tes enfants. Vous auriez vécu avec votre temps. Celui des familles recomposées. Tu n'as pas fait ce choix. Je sais que beaucoup de femmes n'auraient pas dédaigné cette mission. Je me souviens comment notre voisine, Laurence, récemment séparée de son conjoint te regardait. Elle n'est jamais allée plus loin que des caresses du velours de ses yeux quand elle te parlait. Elle avait souvent besoin que tu lui donnes un petit coup de main pour arranger une prise de courant ou tailler sa haie pour qu'elle soit moins haute et puisse te voir dans le jardin aux beaux jours. Je n'étais pas jalouse pourtant. Oh oui ! Comme il en a eu de beaux jours. Tu aurais eu tout à fait le droit de répondre à ses avances. Tu ne l'as pas souhaité à ma connaissance. Te souviens tu quand nous nous sommes mariés de cette promesse que nous nous étions faite. Ne jamais douter de l'autre. Ne rien demander. Estimes tu que je t'ai trahi ?

Et vous, Isild et Charles, vous souvenez vous de moi ? Une maman vous a t elle manqué ? Je sais que votre père a été exemplaire en tout point. Sa situation de médecin vous mettait à l'abri des besoins matériels et il y avait une bouche de moins à nourrir.

Je sais que la mort de votre oncle vous a touché. Je suis rentrée en

France pour ses obsèques. Je me suis arrangée pour que vous n'appreniez la disparition de mon frère qu'après mon retour chez moi, sur le nouveau continent. Votre grand père ne s'en est pas remis. La mort rodait. Il était le plus proche de vous parmi vos grands parents et je ne suis pas revenue en France sachant que je vous rencontre rai inévitablement. Mais votre grand mère n'a rien dit. Elle a fait semblant d'admettre. M'avait elle pardonnée et comprise ? Et vous ? Je ne dois plus représenter grand chose à vos yeux. Savez vous que j'ai pleuré quand j'ai appris la mort de Namouna notre petite chatte. Vos rires et la vision de vos jeux d'enfant avec elle pendant mes nuits sans sommeil m'ont hantée. Pauvre petit animal écrasé bêtement par la chute d'une branche que le jardinier venait de couper. Vous voyez, j'en sais des choses.

Ce que je ne sais pas, c'est si je dois dire : pauvres petits enfants qui n'ont pas retrouvé leur maman un jour de 1975 en rentrant de l'école ? Pauvre mari qui a cherché sa femme partie sans que rien ne puisse le laisser prévoir ? Combien de temps a mis leur cœur à s'habituer à cette situation ? Je ne sais pas. Là, ça ne traverse pas l'océan. Bien sûr à votre âge, Isild et Charles, vous avez des amours. Que pensez vous de la manière d'en visager un avenir ? Trop jeunes ? Non, vous ne savez pas à quel point vous y pensez déjà ! Toi, tu étais trop vieille me direz vous, "Tu n'avais plus l'âge." Si c'est ce que vous croyez, vous faites erreur deux fois. La première en croyant que je suis partie pour un autre homme et la seconde que je n'étais pas capable d'aimer deux hommes. Car quand je suis partie j'aimais encore votre père, comme peut être maintenant je l'aime toujours. Comme je vous aimais et vous aime sans doute encore. Le mariage n'est pas une erreur de parcours.

Quand je suis arrivée à Montréal avec une fausse identité (là je ne révèlerai rien non plus) j'ai entendu parler un anglais étrange et un français "à la canadienne". Une de mes valises avait perdu son étiquette. Un responsable d'escale qui s'appe lait Bastien m'a beaucoup aidé, puis beaucoup aimé et moi aussi. Il avait deux enfants charmants et sa femme, hôtesse, était morte deux ans plus tôt dans un accident. J'ai vécu des moments très forts, tout de suite. Ce qui a fait que ma première étape a été également la dernière. Moi qui croyais être partie pour un voyage sans escale ! L'adaptation a été facile. Bastien et ses enfants ont été adora bles. Très rapidement, je leur ai expli qué la situation et j'ai pu grâce aux appuis du père de Bastien me refaire une identité officielle.

Comme je veux que vous n'ignoriez rien à ce sujet, je m'empresse de vous dire que ma famille d'accueil a très rapidement été mise au courant de ma situation. Eux aussi ont été exem plaires, ne posant jamais de questions avant que je n'aborde le sujet moi même. D'ailleurs j'avais peu de choses à raconter sur ma vie. Peu d'intérêt pour les études. Pas de vie sentimen tale trouble. Une existence rangée et une famille irréprochable. C'est là le mystère pour nous tous. Je n'ai rien à reprocher à quiconque, même pas à moi. Paul Marie, je voudrais que tu saches - non, que tu sois persuadé - que je n'ai jamais rien eu à redire à ton sujet et qu'il n'y a jamais eu anguille sous roche de mon côté. Je souhaiterais que mes enfants soient certains que j'étais fière d'eux dès leur plus jeune âge. Isild passe un bac C cette année. Elle l'aura brillamment, c'est une certitude. Comprenez que rien de ce qui s'est passé ne suppose une faute de quiconque, ne souffre du moindre reproche, n'est empreint du moindre regret. Je veux que vous sachiez que je suis fière de votre attitude. Vous êtes restés, après mon départ, égaux à vous mêmes. Vous n'avez jamais voulu porter plainte pour "enlèvement et séquestration" afin d'éviter qu'une enquête soit menée. Vous aviez compris que la pudeur devait s'accompagner du silence de ceux qui souffrent d'avoir compris qu'il s'agissait d'un départ, pas d'une disparition. Vous m'avez toujours imaginée vivante. Et vous aviez raison.

À Montréal où j'ai passé trois ans, ce qui m'amusait le plus, c'était de voir les soirs de fin de semaine des rangées de voitures (des chars comme ils disent parfois) parcourir les avenues avec l'autoradio à fond. J'aurais imaginé cela des Italiens, pas des Canadiens. Puis quand Bastien a eu sa promotion à Québec, j'ai découvert ce que c'était que d'être Francophone. Le respect de la langue. Par exemple, les automobilistes s'arrêtent aux panneaux marqués "HALTE" et non pas "STOP". Leurs relations avec leur puissant voisin d'Amérique font qu'ils veulent à tout prix se protéger. Ils ne sont pas Américains, ils le refusent. Ils habitent seulement le continent nord américain. Et c'est très diffé rent pour eux. Combien de temps cela durera t il ? Il y a tellement de façon de découvrir le monde que l'on croit connaître. Voir la France et Paris de si loin tout en en étant si proche par la langue et l'amitié que l'on t'offre là bas ne peut pas s'imaginer si l'on en n'a pas fait l'expérience. J'ai été surprise par l'intérêt que les Québécois ont porté aux élections présidentielles françaises. Il y a eu des mouvements de joie le 10 mai 1981 quand Mitterrand a été élu. Il y a eu aussi des moments de grande déception après le virage à droite de la politique française et la prise de conscience de son pro atlantisme. Beaucoup de gens ici en étaient restés à De Gaulle et son "Vive le Québec libre".

L'hiver peut nous paraître terrifiant à nous, Français. Les températures descendent parfois à moins 30 voire moins 50 degrés alors que l'on se trouve presque au niveau de la mer. Pour nous, il faut imaginer l'altitude pour connaître ça. Mais ce qui est terrible c'est l'humidité qui peut régner même à ce moment là. Si les Canadiens sont habitués et s'ils s'habillent presque comme nous par zéro degrés, ils n'oublient jamais leurs gants et leur bonnet. Même les voitures ont des sièges chauffants et ceux qui en ont les moyens possèdent dans leur garage un système qui préchauffe le moteur de leur voiture avant leur départ pour le travail. Souvent ce sont des abris qu'ils démontent l'été, s'ils ne se sont pas écroulés sous le poids de la neige avant la fin de l'hiver.

J'ai vu les fameuses chutes du Niagara. Mais quel mauvais goût le soir ces éclairages couleur guimauve ! Du rose, du vert etc. Et ce bruit ! Un guide nous a dit qu'un compositeur au début du siècle, en l'entendant, s'était écrié : "Enfin un vrai fortissimo !" Il a parlé de malheur (?)[4]. Dans ce bruit épouvan table, je n'entendais rien. Je me suis imaginé un homme tombant dans ces chutes depuis le balcon où j'étais et hurlant "Fortissimo ! Fortissimo !". Et puis l'idée m'est sortie de l'esprit. Je suis partie en oubliant de deman der des précisions. Certains funam bules les ont traversées sur un câble. Un fou les a même descendues en

4. Il s'agit de Gustav Malher (1860-1911).

tonneau paraît il ! Est ce que j'aime ce pays ? Je me demande si je l'aimerais mieux avec vous. Et Bastien et ses filles. Et puis la chienne bien sûr. Vous tous, près de moi. Me manquez vous ? Est ce pour cela que je vous écris aujourd'hui ? Je suis incapable de répondre à quoi que ce soit. Mes sentiments sont comme vierges de toutes les possibilités. Je ne sais plus ce qui me fait agir depuis dix ans, mais je ne peux pas m'interdire quoi que ce soit. Un jour on prend une décision. On ne sait pas pourquoi celle là plutôt qu'une autre. Mais c'est celle là et pas une autre. On a choisi. Je ne me suis pas trompée. Je n'ai simplement pas su faire autrement. C'est peut être cette même volonté incontrôlable qui a provoqué l'envie de prendre le risque de partir ?

Peut être vous demandez vous pourquoi je vous écris cela ? Vous pouvez penser que je cherche à vous convaincre. Peut être même ne comprenez vous pas ce qui m'incite à vous donner de mes nouvelles. C'est que l'on n'oublie rien. Tout reste au fond de soi, même si l'extérieur paraît changé. Il y a cette lueur du souvenir qui éclaire la vie. Nous avons un passé qui reste accroché à nous comme du lichen sur de vieux rochers. Aimez vous toujours autant la montagne, le ski, l'escalade ? Faites vous toujours autant de bateau, d'équitation ? Vos loisirs ne se sont ils pas trouvés entachés par mon départ ? Je voudrais que non. Je sais que c'est certainement si. J'ai envie de savoir. Quand je serai en France, j'appellerai Bastien. C'est seulement à ce moment là qu'il me demandera si je reviendrai. Je sais qu'il craint ce voyage. Mais il ne m'en a rien fait voir. Je le sais parce que je le connais. Simplement.

Voilà, j'ai donc décidé de vous revoir. Je ne tenterai pas de vous obliger à quoi que ce soit. Ce sera comme vous le souhaiterez. Si vous ne voulez pas, il vous suffira de ne pas me donner de signal. Au Canada beaucoup de gens, surtout en période électorale, plantent dans leur jardin ou bien en vue s'ils n'en ont pas, un drapeau de leur parti favori. Difficile d'imaginer cela en France. Vous pourrez mettre un drapeau canadien devant la maison. Ou si vous n'en avez pas, un drap. Je saurai que je peux entrer vous voir.

Mercredi 12 mars 2008.

Paul Marie, cher voisin,

Veuillez accepter toutes mes excuses.

À l'occasion de mon déménagement, je viens de retrouver un courrier en provenance du Canada, qui vous était adressé et qui par erreur a été déposé dans ma boîte aux lettres. Il avait glissé derrière un meuble et je l'avais oublié pendant près de vingt trois ans. Je vous le restitue maintenant. J'espère qu'il ne contenait rien d'urgent.

Avec mes plus sincères regrets pour ce désagrément.

Votre voisine qui vous quitte.

Laurence

Table des matières

Risque 1 : Il faut vivre dangereusement 11
Risque 2 : Les risques du métier. 21
Risque 3 : Ouvrir sa gueule 39
Risque 4 : Il n'y a pas de plaisir sans risque 51
Risque 5 : Le tout pour le tout. 67
Risque 6 : Il faut vivre avec son temps 75

Achevé d'imprimer sur rotative numérique par Book It !
dans les ateliers de l'Imprimerie Nouvelle Firmin Didot
Le Mesnil-sur-l'Estrée

N° d'impression : 90875
Dépôt légal : Juin 2008

Imprimé en France